Inhalt

Branchenreport BANKEN Ausgabe 2/2010

Kernthesen

Beitrag

Zahlen und Fakten

Weiterführende Literatur

Impressum

Branchenreport BANKEN Ausgabe 2/2010

A.Menzen

Kernthesen

- Die deutschen Banken haben die größten Teile der durch die Finanzkrise erlittenen Verluste abgeschrieben.
- Der Marktführer Deutsche Bank, die Commerzbank und andere deutsche Top-Banken produzieren schon wieder stattliche Gewinne.
- Sorgen machen der Branche die zukünftigen Aufwendungen für die von Basel III bestimmte Stärkung des Kernkapitals und die Bankenabgabe.
- Der internationale Bankenmarkt wird derzeit von den Rekorden der chinesischen

Institute überstrahlt. Die US-Banken knabbern derweil an den Folgen der Finanzreform.

Beitrag

Der deutsche Bankenmarkt

Die aktuelle Situation der deutschen Banken zeigt ein zwiespältiges Bild. Als positiv zu werten ist, dass die Kreditinstitute die Finanzkrise nach Aussagen des Internationalen Währungsfonds (IWF) besser verdaut haben als die internationale Konkurrenz. Zudem haben die Banken den größten Teil der hierdurch bedingten Abschreibungen bereits hinter sich. Der IWF schätzt den Krisenverlust deutscher Banken zwischen 2007 und 2010 auf 314 bis 338 Milliarden Dollar. Davon seien zum 31. Dezember des Vorjahres 261 Milliarden abgeschrieben gewesen, was einer Quote von rund 80 Prozent entspricht.

Auch die Gewinne sprudeln wieder. Die beiden Marktführer Deutsche Bank und Commerzbank haben sehr gute Quartals- und Halbjahreszahlen präsentiert. Dennoch gilt die Ertragslage der Banken als problematisch. So sollen die Institute Studien zufolge bisher noch kaum von der guten Konjunktur in Deutschland profitiert haben. Zudem leiden die Banken unter niedrigen Margen, die dazu führen könnten, dass die Institute, wie vor der Krise, in riskante Hochzinsgeschäfte einsteigen.

Große Anstrengungen stehen dem deutschen Bankenmarkt bevor, wenn die neuen Sicherungsanforderungen greifen. Die durch die neuen Eigenkapitalrichtlinien "Basel III" auferlegte Erhöhung des Kernkapitals könnte die Institute viel Geld kosten. Über die Höhe der Aufwendungen besteht freilich noch Uneinigkeit. Die Schätzungen schwanken zwischen 66 Milliarden Euro weltweit und 110 Milliarden Euro alleine für die deutschen Banken. Zudem wird die im "Gesetz zur Restrukturierung und geordneten Abwicklung von Kreditinstituten" vorgesehene Bankenabgabe die Institute belasten. Am teuersten kommt die Banken allerdings die Rückzahlung der Staatsgelder zu stehen. So schuldet alleine die Commerzbank dem Staat 18 Milliarden Euro, auf die die Bank überdies 500 Millionen Euro jährlich an Zinsen zahlen muss. (1), (2)

Nicht viel zu lachen hatten in den vergangenen Jahren die rund 660 000 Beschäftigten der deutschen Banken. Finanzkrise, Übernahmen und Sparzwänge hatten zur Folge, dass der Personalbestand in der Kreditwirtschaft seit 2005 um 4,3 Prozent gesunken ist. Bei den privaten Banken lag der Rückgang mit 4,6

Prozent sogar noch geringfügig darüber. Im vergangenen Jahr verzeichnete das gesamte Kreditgewerbe einen Rückgang um 1,8 Prozent, wobei die Anzahl der Beschäftigten bei privaten Instituten um 4 Prozent auf 182 000 gesunken ist. Nach einer Umfrage der Beratungsgesellschaft Towers Watson spricht einiges inzwischen aber für eine Stabilisierung der Beschäftigungssituation. (14)

Gemessen an den Marktanteilen der Bankengruppe (Stand: Juli 2010) dominieren am deutschen Bankenmarkt die privaten Banken mit 36 Prozent, die Sparkassen und Landesbanken mit 31 Prozent und Genossenschaftsbanken mit 12 Prozent. (15), [Abb. 2]

Unternehmen im Markt

Mit einer Bilanzsumme von 1,5 Billionen Euro ist die **Deutsche Bank** klarer Marktführer in Deutschland. Im weltweiten Ranking der größten Banken belegt die Deutsche Bank den 15. Platz. Das Geldinstitut ist ohne Staatshilfen durch die Krise gekommen und hat im dritten Quartal 2010 sehr gut verdient. Ein Ansturm der Kunden auf Anleihen, Devisen und Kreditprodukte kurz vor Torschluss im September verschaffte der Deutschen Bank einen Überschuss, der so hoch lag wie zuletzt vor Eintritt der Finanzkrise. Alleine im Kreditgeschäft stiegen die

Erträge von 114 Millionen Euro im Vorjahr auf 556 Millionen Euro. (5), (8)

Deutschlands zweitgrößtes Institut, die **Commerzbank**, kommt auf eine Bilanzsumme von 844 Milliarden Euro. Die Bank hat im ersten Halbjahr 2010 1,1 Milliarden Euro Gewinn erzielt und versucht jetzt, sich aus der staatlichen Kontrolle wieder loszukaufen. Derzeit ist die Bundesrepublik mit 25 Prozent an der Commerzbank beteiligt, was auch von dem Unternehmen selbst immer mehr als Belastung empfunden wird. Seit klar ist, dass die Bank wieder Gewinne erwirtschaftet, wächst aber auch der Druck der Bundesregierung, dass die Staatsgelder zurückbezahlt werden. Um wieder in private Hände zurückkehren zu können, plant die Commerzbank eine Kapitalerhöhung um mindesten fünf Milliarden Euro. Sie soll zum Teil durch den Verkauf neuer Aktien erreicht werden. (7)

In einer nach wie vor schwierigen Lage befindet sich die Nummer drei des deutschen Marktes, die **Landesbank Baden-Württemberg (LBBW)**. Das Geldinstitut teilt die Probleme der übrigen Landesbanken, die alle zusammen als die Bankengruppe gelten müssen, die die Finanzkrise am schlechtesten bewältigt hat. Fünf Milliarden Euro musste alleine das Land Baden-Württemberg an die LBBW überweisen, um den Knockout zu verhindern. Im zweiten Quartal 2010 musste die LBBW einen

Nettoverlust von rund 420 Millionen Euro verzeichnen. Die frühere Prognose, 2010 eine erhebliche Verbesserung des Geschäftsergebnisses zu erreichen, hat der Vorstand wieder kassiert. Was das bedeuten könnte, zeigen die Zahlen des Vorjahres: 2009 hatte die LBBW 1,5 Milliarden Euro Verlust geschrieben. Ein Hauptproblem der Bank ist ihr starkes Engagement in Schuldenstaaten wie Spanien, Portugal und Griechenland. 650 Millionen Euro mussten auf Anleihen hoch verschuldeter Staaten abgeschrieben werden.

Auch die Ergebnisse der übrigen Landesbanken fallen mager aus. Bei der Nord LB sank das Ergebnis vor Steuern im ersten Halbjahr um 63 Prozent von 272 Millionen Euro auf 100 Millionen Euro ab. Die Landesbank Berlin meldete einen Gewinneinbruch von 218 Millionen Euro auf 131 Millionen Euro vor Steuern. Die Bayern LB schrieb im zweiten Quartal rote Zahlen. (6), (11)

Den zweiten Rekordgewinn in Folge erwartet die **KFW Gruppe** für 2010. Die staatliche Förderbank hat 2009 1,1 Milliarden Euro verdient. 2010 waren es schon im ersten Halbjahr 980 Millionen Euro. Die viertgrößte deutsche Bank konnte ihr Fördervolumen im ersten Halbjahr deutlich ausbauen und ihren Überschuss gleichzeitig verdoppeln. Ausschlaggebend für den Erfolg der KFW sind allerdings die staatlichen Konjunkturprogramme, deren Auswirkungen zeitlich begrenzt sind. (9)

Ganz ohne Staatshilfen ist auch die genossenschaftliche **DZ Bank** durch die Krise gekommen. Zudem ist die Bank, gemeinsam mit dem anderen Spitzeninstitut der Genobanken, der WGZ-Bank, wieder in der Gewinnzone angelangt. Die DZ Bank peilt in diesem Jahr einen nicht näher bezifferten Milliardengewinn an. (10), [Abb. 1]

Internationaler Bankenmarkt

Die **US-Banken** haben derzeit mit den Umstellungen zu kämpfen, die ihnen die US-Finanzreform auferlegt. Zwar konnten die Institute durch gute Lobbyarbeit viele der geplanten Regelungen aufweichen und zu ihren Gunsten beeinflussen. Dennoch sind den Banken empfindliche Einschränkungen verordnet worden, wie etwa beim Eigenhandel und beim Derivategeschäft. Experten schätzen, dass das neue Regelwerk die Jahresgewinne der US-Banken um etwa 20 Milliarden Dollar schmälern wird. Zu vermuten ist allerdings, dass die Banken die Verluste an anderer Stelle wieder hereinzuholen versuchen. So könnten sie die Rückstellungen für Kreditausfälle zurückfahren, womit das Hauptziel der Finanzreform, die Stabilisierung der Banken, freilich diskreditiert würde.

Gut stehen die US-Institute bei der Rückzahlung der staatlichen Stützungsgelder da. Goldman Sachs, JP Morgan Chase, Bank of America, Morgan Stanley, PNC, US Bancorp und Wells Fargo haben die Gelder größtenteils zurückgezahlt. Im Rückstand ist nur noch die Citigroup, die erst 33 von 45 Milliarden Dollar erstattet hat.

Zugleich wird der US-Bankenmarkt von einer Pleitewelle erschüttert. Nie zuvor sind mehr US-Institute in die Insolvenz gegangen als in diesem Jahr. Schon in den ersten drei Quartalen wurden die Pleitezahlen des Gesamtjahres 2009 übertroffen. Die Namen der abgewickelten Institute sind zwar nicht klangvoll, trotzdem sind die Spareinlagen einfacher Bürger jedes Mal in Gefahr. Zu den abgewickelten Regionalbanken des Jahres 2010 gehören die First Vietnamese American Bank in Kalifornien, die Pierce Commercial Bank in Washington und die K Bank in Maryland. Die klein- und mittelgroßen Institute müssen damit die Folgen der weiter anhaltenden US-Wirtschaftsflaute ausbaden. Ihnen geht das Geld aus, weil ihre Kunden weder Kredite noch Darlehen zurückzahlen können. Hinzu kommen unzählige unbeglichene Kreditkartenrechnungen. Die Regionalbanken sind damit die eigentlichen Opfer einer Finanzkrise, die von den Großbanken ausgelöst worden ist. (4), (12)

Chinas wirtschaftliche Aufholjagd hat auch vor dem

Kreditsektor nicht Halt gemacht. Noch vor wenigen Jahren wurden die Institute belächelt, weil sie mit der Modernisierung des Landes nicht Schritt zu halten schienen. Dies hat sich schnell geändert: Heute sind zwei **chinesische Banken** die größten Kreditinstitute der Welt. Die Banken legen einen Rekord-Börsengang nach dem anderen hin und stemmen auch gewaltige Kapitalerhöhungen augenscheinlich mit Leichtigkeit. So hat die Bank of China kürzlich eine Kapitalerhöhung von neun Milliarden Dollar angekündigt. Die China Construction Bank will über elf Milliarden Dollar aufnehmen.

2009 wurde ein Rekordkreditvolumen von 999 Milliarden Euro ausgereicht, mit dem es die stark unter staatlichem Einfluss befindlichen Banken schafften, die Wirtschaftskrise von den Unternehmen weitgehend fernzuhalten. Experten glauben, dass Chinas Banken hohe Forderungen an staatsnahe Organisationen haben, deren Rückzahlung nicht gesichert sei.

Das Geschäft der chinesischen Banken verläuft in konservativen Bahnen. Nach wie vor sind Kredite und Darlehen das Hauptgeschäftsfeld der Banken, während andere Bankbereiche als unterentwickelt gelten. So sind Derivate noch immer unbekannt, sollen aber bald eingeführt werden. Trotzdem erzielen die Banken höchste Gewinne: Schon ein Gewinnanstieg um "nur" 24 Prozent, wie ihn die Bank of Communications (BoCom) kürzlich veröffentlichte, wird als Enttäuschung empfunden - weil die Analysten noch höhere Gewinne erwartet hatten. (13), [Abb. 3]

Trends

Risiken durch die PIIGS

Das hohe Engagement deutscher Banken in den stark verschuldeten PIIGS-Staaten könnte die Institute noch viel Geld kosten. Portugal, Italien, Irland, Griechenland und Spanien schulden deutschen Banken derzeit 524 Milliarden Dollar. Sollte es hier zu Rückzahlungsproblemen kommen, erwarten Experten, dass die eine oder andere deutsche Bank erneut ins Schlingern geraten könnte. (1)

Landesbanken beraten über Fusionen

In die seit Jahren angemahnte Neuordnung des Landesbankensektors ist ein wenig Bewegung gekommen. Vertreter des Bundesfinanzministeriums, Landesfinanzminister und die Präsidenten der

Sparkassenverbände sind im September übereingekommen, die Möglichkeiten von Fusionen und Zusammenschlüssen künftig gemeinsam zu erörtern. Politische Ziele, die bisher eine Neuordnung des Sektors verhinderten, sollen demnach keine Rolle mehr spielen. Die Frage dabei bleibt allerdings immer die, wie die Landesbanken selbst zu einer Neuordnung stehen. Hier scheint es nach wie vor am erforderlichen Willen zu fehlen: Die Gespräche zwischen Bayern LB und West LB über ein Zusammengehen sind in diesen Tagen gescheitert. (3)

Zahlen & Fakten

Abbildung 1: Deutsche Bank führt mit weitem Abstand

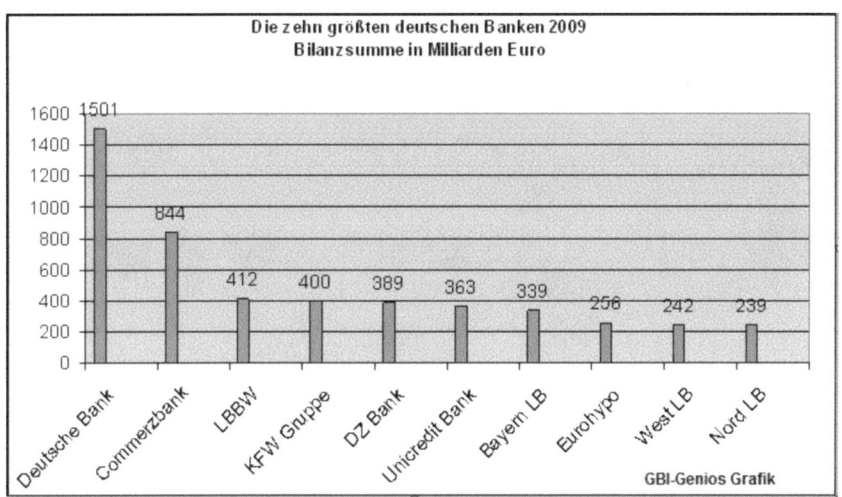

Quellen: AGV Banken, Deutsche Bundesbank, FAZ-Archiv Entnommen aus: Frankfurter Allgemeine Zeitung, 22.10.2010, Nr. 246, S. 15 (15)

Abbildung 2: Umkämpfter Markt

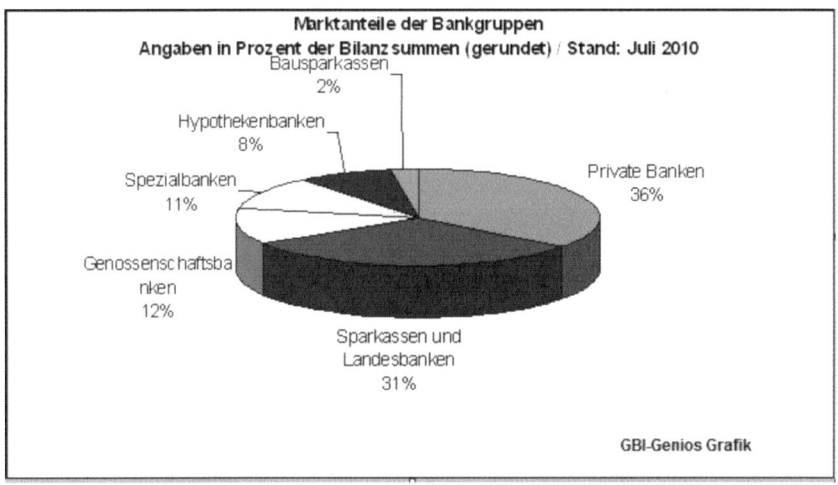

Quellen: AGV Banken, Deutsche Bundesbank, FAZ-

Archiv Entnommen aus: Frankfurter Allgemeine Zeitung, 22.10.2010, Nr. 246, S. 15 (15)

Abbildung 3: Chinas Banken sind die Größten

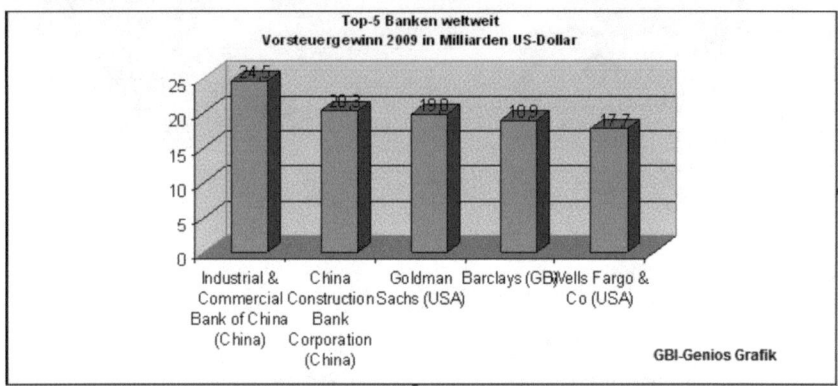

Quelle: The Banker, Juli 2010 Entnommen aus: Die Bank, Heft 09/2010, S. 8-14

Weiterführende Literatur

(1) Zwischen Krise und H offnung
aus SCHWEIZER BANK Nr. 07 vom Juli 2010 Seite 24

(2) Banken weiter unter Druck
aus Der Treasurer vom 21.10.2010, Nr. 20, S. 1

(3) Auf Zeit spielen ist für Landesbanken riskant
aus Finanz und Wirtschaft vom 09.10.2010, Seite 34

(4) Bankensterben Die Kleinen zahlen die Zeche

aus HANDELSBLATT online 06.11.2010 09:25:32

(5) Ranking Das sind Deutschlands größte Banken
aus HANDELSBLATT online 27.10.2010 07:37:38

(6) Die Landesbanken präsentieren eine desaströse Bilanz
aus Handelsblatt Nr. 168 vom 01.09.2010 Seite 36

(7) Commerzbank plant den Befreiungsschlag
aus Handelsblatt Nr. 165 vom 27.08.2010 Seite 1

(8) Deutsche Bank hängt Konkurrenz ab Investment Banking ist erfolgreicher als erwartet - Boni fallen höher aus als bei Goldman Sachs - Privatkundengeschäft floriert
aus Börsen-Zeitung, 28.10.2010, Nummer 208, Seite 3

(9) KfW sagt 90 Prozent mehr Fördermittel zu Staatsbank erreicht im ersten Halbjahr fast den Rekordüberschuss von 2009 - Konjunkturprogramm prägt Geschäft
aus DIE WELT, 12.08.2010, Nr. 186, S. 10

(10) Die genossenschaftlichen Zentralbanken
aus Zeitschrift für das gesamte Kreditwesen 20 vom 15.10.2010 Seite 1116

(11) Griechenland-Krise verhagelt der LBBW das Ergebnis
aus Handelsblatt Nr. 165 vom 27.08.2010 Seite 31

(12) Finanzreform drückt Gewinn der US-Banken

Ratingagentur S&P beziffert Kosten für acht Großinstitute
aus Financial Times Deutschland vom 04.11.2010, Seite 17

(13) Chinas Großbanken sammeln erneut frisches Kapital ein Satte Gewinnsteigerung im dritten Quartal
aus Börsen-Zeitung, 30.10.2010, Nummer 210, Seite 3

(14) Die Talsohle ist durchschritten
aus Frankfurter Allgemeine Zeitung, 22.10.2010, Nr. 246, S. 15

(15) Kapital wird zum knappen Faktor
aus Frankfurter Allgemeine Zeitung, 22.10.2010, Nr. 246, S. 15

Impressum

Branchenreport BANKEN Ausgabe 2/2010

Bibliografische Information der deutschen Nationalbibliothek

Die Deutsche Nationalbibliothek verzeichnet diese Publikation in der deutschen Nationalbibliografie; detaillierte bibliografische Daten sind im Internet über http://dnb.d-nb.de abrufbar.

ISBN: 978-3-7379-1853-4

© 2015 GBI-Genios Deutsche Wirtschaftsdatenbank GmbH, Freischützstraße 96, 81927 München, www.genios.de

Alle Rechte vorbehalten. Dieses Werk ist einschließlich aller seiner Teile – z.B. Texte, Tabellen und Grafiken - urheberrechtlich geschützt. Jede Verwertung außerhalb der Grenzen des Urheberrechtsgesetzes bedarf der vorherigen Zustimmung des Verlags. Dies gilt insbesondere auch für auszugsweise Nachdrucke, fotomechanische Vervielfältigungen (Fotokopie/Mikroskopie), Übersetzungen, Auswertungen durch Datenbanken oder ähnliche Einrichtungen und die Einspeicherung und Verarbeitung in elektronischen Systemen.